Made in the USA
Las Vegas, NV
19 December 2021

38621446R00069